# Midnight at the Midsummer Feast: Short Stories for Swedish Language Learners

Artici Bilingual Books

Published by Artici Bilingual Books, 2024.

While every precaution has been taken in the preparation of this book, the publisher assumes no responsibility for errors or omissions, or for damages resulting from the use of the information contained herein.

MIDNIGHT AT THE MIDSUMMER FEAST: SHORT STORIES FOR SWEDISH LANGUAGE LEARNERS

**First edition. May 1, 2024.**

Copyright © 2024 Artici Bilingual Books.

ISBN: 979-8224598311

Written by Artici Bilingual Books.

# Table of Contents

# En Snöig Dröm

I den avlägsna byn Jörn i de norra delarna av Sverige, där vintern härskar med ett obevekligt grepp, bodde en kvinna vid namn Elsa.

Elsa var inte som de andra byborna. Hon var en drömmare, en vandrare av riken bortom de snötäckta bergen som omgav deras by. Hennes fantasi kände inga gränser, och hennes berättelser om avlägsna länder och mystiska varelser fångade hjärtan av alla som lyssnade.

En bitter kväll, när byn låg innesluten i ett täcke av snö så tjockt att det verkade svälja själva ljudet av existens, vågade sig Elsa in i skogen, lockad av en mystisk melodi som dansade i den iskalla luften. Genom trädlabyrinten vandrade hon, hennes steg dämpade av det prickfria pulvret under hennes fötter.

När hon trängde djupare in i skogen, växte melodin högre, ekande genom den tysta natten som en sirenens kallelse. Och då såg hon det – en glänta badad i det etereala skenet från norrskenet, där en gestalt stod, inlindad i det skimrande skiftningarna av norrskenet.

Det var en varelse som ingen Elsa någonsin hade sett – en varelse av rent ljus och skugga, med ögon som bar visdomen från eoner. Den talade till henne med en röst som vibrerade med stjärnornas melodi, berättade sagor om världar bortom den dödliga världen, där drömmar var verklighet och verklighet bara en dröm.

Förtrollad av varelsens ord dansade Elsa med den under de virvlande ljusen, hennes själ svävande på renaste förundran. Och när natten vek och den första gryningens ljus kysste horisonten, visste hon att hon hade skådat en glimt av det oändliga, ett flyktigt ögonblick av magi som skulle dröja sig kvar i hennes hjärta för evigt.

Men med gryningens ankomst kom insikten att hon måste återvända till byn, till verklighetens begränsningar som band henne till jorden. Med ett tungt hjärta tog hon farväl av ljusvarelsen, medveten om att hon aldrig kunde lämna den förtrollade riket av hennes drömmar bakom sig.

Och så återvände Elsa till Jörn, där byborna välkomnade henne med förbryllade blickar, för hon bar märket av norrskenet på sin panna, en skimrande halo av iridescens som märkte henne som ett barn av stjärnorna. Och även om hon aldrig talade om sin upplevelse i skogen, bar hennes ögon en gnista av förståelse som viskade om osedda världar och outtalade underverk.

Och så levde legenden om Elsa, kvinnan som dansade med norrskenet, vidare i bybornas hjärtan, ett vittnesbörd om drömmars kraft och den magi som bor inom oss alla. Och på klara vinternätter, när norrskenet målade himlen med sin himmelska pensel, skulle de samlas under dess skimrande sken och minnas kvinnan som vågade drömma om världar bortom snön.

# A Snowy Dream

In the secluded village of Jörn in the northern reaches of Sweden, where winter reigns with an unyielding grip, there lived a woman named Elsa.

Elsa was not like the other villagers. She was a dreamer, a wanderer of realms beyond the snow-capped mountains that surrounded their village. Her imagination knew no bounds, and her tales of distant lands and mystical creatures captivated the hearts of all who listened.

One bitter evening, as the village lay shrouded in a blanket of snow so thick it seemed to swallow the very sound of existence, Elsa ventured into the forest, drawn by a mysterious melody that danced on the frigid air. Through the labyrinth of trees she wandered, her footsteps muffled by the pristine powder beneath her feet.

As she delved deeper into the woods, the melody grew louder, echoing through the silent night like a siren's call. And then, she saw it – a clearing bathed in the ethereal glow of the Northern Lights, where a figure stood, cloaked in the shimmering hues of the aurora.

It was a creature unlike any Elsa had ever seen – a being of pure light and shadow, with eyes that held the wisdom of eons. It spoke to her in a voice that resonated with the melody of the stars, telling tales of worlds beyond the mortal realm, where dreams were reality and reality, but a dream.

Enthralled by the creature's words, Elsa danced with it beneath the swirling lights, her spirit soaring on wings of purest wonder. And as the night waned and the first light of dawn kissed the horizon, she knew that she had glimpsed a glimpse of the infinite, a fleeting moment of magic that would linger in her heart forevermore.

But with the breaking of dawn came the realization that she must return to the village, to the confines of reality that bound her to the earth. With a heavy heart, she bid farewell to the creature of light, knowing that she could never truly leave the enchanted realm of her dreams behind.

And so, Elsa returned to Jörn, where the villagers greeted her with puzzled looks, for she bore the mark of the Northern Lights upon her brow, a shimmering halo of iridescence that marked her as a child of the stars. And though she never spoke of her encounter in the forest, her eyes held a spark of knowing that whispered of worlds unseen and wonders untold.

And so, the legend of Elsa, the woman who danced with the Northern Lights, lived on in the hearts of the villagers, a testament to the power of dreams and the magic that lies within us all. And on clear winter nights, when the aurora borealis painted the sky with its celestial brush, they would gather beneath its shimmering glow, and remember the woman who dared to dream of worlds beyond the snow.

# Det Mystiska Fallet med Den Försvunna Sylten

I den pittoreska byn Mölle, gömd bland de rullande kullarna i södra Sverige, bodde en mycket egendomlig herre vid namn Lars Eriksson. Lars var inte din vanliga bybo; han var en pensionerad lärare med en förkärlek för pussel och ett skarpt öga för detaljer. Trots sina framskridna år besatt Lars en obotlig nyfikenhet och en oövervinnelig anda som ofta ledde honom in i de mest oväntade äventyr.

En frisk morgon, när Lars satt vid sitt köksbord och njöt av sin morgongröt och hemgjorda sylt, märkte han något som var fel – hans älskade burk med lingonsylt var spårlöst försvunnen! Nu skulle detta för de flesta verka som en trivial sak, men för Lars var det ett mysterium som bad om att bli löst.

Förbannad att komma till botten av försvinnandet, klädde Lars på sig sin tweedkavaj och pålitliga jaktkeps – själva bilden av en svensk detektiv – och begav sig ut för att utreda. Hans första stopp var byns marknad, där han hoppades kunna få ledtrådar från det lokala skvallret.

När Lars vandrade bland stånden kunde han inte låta bli att märka de nyfikna blickarna som kastades på honom av byborna. För det var inte varje dag Mölle hade sin egen amatördetektiv på fallet! Men Lars brydde sig inte om dem, för han var på uppdrag.

Han närmade sig Agneta, ägaren till marknadens syltstånd, och hälsade henne med ett varmt leende. "God morgon, Agneta. Jag kunde inte låta bli att märka att din lingonsylt säljer riktigt bra idag."

Agneta nickade, en kunnig glimt i ögat. "Ja, Lars. Det är en av våra bästsäljare. Vill du ha en burk?"

Lars skrattade. "Tack, Agneta, men jag är rädd att jag är mer intresserad av att lösa ett mysterium idag. Du ser, min egen burk med lingonsylt verkar ha försvunnit spårlöst!"

Agnetas ögonbryn sköt upp i förvåning. "Åh, kära nån! Det är verkligen ett mysterium. Har du frågat runt? Kanske någon lånade den av misstag?"

Lars skakade på huvudet. "Jag är rädd att det inte är så enkelt, Agneta. Du ser, jag bor ensam, och jag håller mitt kök låst hela tiden. Den enda andra personen med en extranyckel är min granne, fru Andersson, och hon är borta och besöker sin dotter i Stockholm."

Agneta funderade med pannan rynkad. "Hmm, det är märkligt. Jag är rädd att jag inte har sett något ovanligt idag, Lars. Men om jag får höra något ska jag se till att meddela dig."

Lars tackade Agneta för hennes tid och fortsatte sin utredning, hans sinne surrande av möjligheter. När han vandrade genom byns torg kunde han inte skaka av sig känslan att det fanns mer i det här mysteriet än som mötte ögat.

Hans nästa stopp var den lokala caféen, där han hoppades kunna samla mer information från de stamgäster som frekventerade etablissemanget. När han steg in blev Lars mött av den tröstande doften av nybryggt kaffe och varma kanelbullar. Han fick syn på sin vän Olaf, som satt vid ett hörnbord och drack på en ångande kopp java.

"Åh, Lars! Vad för dig till vårt enkla café denna fina morgon?" utropade Olaf och vinkade honom över.

Lars tog plats mittemot Olaf och suckade. "Jag är rädd att det inte är ett socialt besök, min vän. Min burk med lingonsylt har försvunnit, och jag är på ett uppdrag för att avslöja sanningen!"

Olaf höjde på ena ögonbrynet. "Försvunnen sylt, säger du? Låter som ett fall för Sherlock Holmes själv! Har du några ledtrådar?"

Lars skakade på huvudet. "Inte ännu, men jag arbetar på det. Jag har kollat marknaden, men ingen verkar ha sett något ovanligt. Vet du om någon som kan ha motiv att stjäla min sylt?"

Olaf klia sig tankfullt på hakan. "Nåväl, nu när du nämner det, var det en främling i staden igår – en resande som passerade på väg till Göteborg. Kanske är han skyldig?"

Lars ögon lyste upp av spänning. "En främling, säger du? Detta kan vara den rutan jag behöver! Vet du var han bor?"

Olaf nickade. "Jag tror han bor på värdshuset längs vägen. Det är värt ett försök, Lars, men var försiktig. Du vet aldrig vad du kan hitta när du börjar rota i andras affärer."

Lars tackade Olaf för tipset och begav sig mot värdshuset, hans hjärta bultade av förväntan. Kunde denna mystiska resenär ha nyckeln till den försvunna sylten? Det fanns bara ett sätt att ta reda på det.

När Lars närmade sig värdshuset fick han syn på en gestalt som stod på trappan och betraktade det snöklädda landskapet med en drömmande uttryck. Det var främlingen – en lång man med mörkt hår och genomträngande blå ögon, klädd i en stilfull ullrock och läderstövlar.

"Ursäkta mig, herrn," ropade Lars, närmande sig mannen försiktigt. "Jag kunde inte låta bli att märka att du är ny i staden. Får jag ha ett ord med dig?"

Främlingen vände sig mot Lars, hans ögon smalnade i misstänksamhet. "Och vad har du för affärer med mig, gamle man?"

Lars log avväpnande. "Ingen anledning till fiendtlighet, min vän. Jag är bara en bekymrad medborgare som försöker lösa ett mysterium. Du ser, min burk med lingonsylt har försvunnit, och jag kunde inte låta bli att undra om du kanske vet något om det."

Främlingens uttryck mjuknade, och han skrattade. "Försvunnen sylt, säger du? Det är något nytt. Jag är rädd att jag inte kan hjälpa dig. Jag kom hit till Mölle igår, och jag har varit inlåst på mitt rum sedan dess."

Lars studerade mannen noggrant, letande efter något tecken på bedrägeri. Men hur mycket han än försökte, kunde han inte skaka av sig känslan att det fanns mer i den här främlingen än mötte ögat.

"Nåväl, tack för din tid, herrn," sade Lars och nickade artigt med hatten. "Om du skulle höra något, var snäll och tveka inte att låta mig veta."

Främlingen nickade kort och försvann in i värdshuset, lämnande Lars ensam på trappan. När han såg mannen försvinna drogs en gnagande tvivel i kanten av hans sinne. Något stämde inte med hela den här affären, och Lars var fast besluten att komma till botten av det.

Med en nyfunnen känsla av syfte gick Lars tillbaka mot sitt hus, hans sinne snurrade av tankar om försvunnen sylt och mystiska främlingar.

När Lars klev in i sin stuga låg det en doft av lingon och hemtrevnad i luften. Han hängde upp sin tweedkavaj på krokar och slog sig ner i sin favoritfåtölj vid öppna spisen, med en ångande kopp te i handen.

Medan han sippade på sitt te kunde Lars inte skaka av sig känslan av att något var fel. Mysteriet med den försvunna sylten låg fortfarande i hans sinne, gnagande på hans tankar som en envis klåda. Men hur mycket han än försökte kunde han inte verka för att lösa pusslet – tills det plötsligt gick upp för honom.

Med en insiktens jolt sprang Lars upp från sin stol och skyndade sig till köket, hjärtat bultande av spänning. Och där, gömd under en hög med gamla tidningar på köksbänken, låg den försvunna burken med lingonsylt – säker och ljud, precis där han hade lämnat den.

En våg av lättnad sköljde över Lars när han hämtade burken och höll den högt, ögonen gnistrande av triumf. "Självklart!" utropade han och skrattade åt sin egen glömska. "Hur kunde jag vara så tankspridd?"

Med ett nöjt suck sjönk Lars tillbaka i sin fåtölj, eldens fladdrande lågor kastade ett varmt sken över rummet. Och medan han somnade, kunde han inte låta bli att le – för han visste att oavsett vilka äventyr som väntade, skulle han alltid ha sin pålitliga burk med lingonsylt vid sin sida, en påminnelse om att ibland är de sötaste mysterierna av alla de vi löser för oss själva.

# The Mysterious Case of the Missing Jam

In the quaint village of Mölle, nestled amidst the rolling hills of southern Sweden, lived a most peculiar gentleman by the name of Lars Eriksson. Lars was not your ordinary villager; he was a retired schoolteacher with a penchant for puzzles and a keen eye for detail. Despite his advancing years, Lars possessed an insatiable curiosity and an indomitable spirit that often led him into the most unexpected adventures.

One crisp morning, as Lars sat at his kitchen table savoring his morning porridge and homemade jam, he noticed something amiss – his beloved jar of lingonberry jam was nowhere to be found! Now, to most, this might seem like a trivial matter, but to Lars, it was a mystery begging to be solved.

Determined to get to the bottom of the disappearance, Lars donned his tweed jacket and trusty deerstalker cap – the very picture of a Swedish sleuth – and set out to investigate. His first stop was the village market, where he hoped to glean some clues from the local gossip.

As Lars wandered amongst the stalls, he couldn't help but notice the curious glances thrown his way by the villagers. After all, it wasn't every day that Mölle had its own amateur detective on the case! But Lars paid them no mind, for he was on a mission.

He approached Agneta, the proprietor of the market's jam stand, and greeted her with a warm smile. "Good morning, Agneta. I couldn't help but notice that your lingonberry jam is selling quite well today."

Agneta nodded, a knowing twinkle in her eye. "Yes, Lars. It's one of our best sellers. Would you like a jar?"

Lars chuckled. "Thank you, Agneta, but I'm afraid I'm more interested in solving a mystery today. You see, my own jar of lingonberry jam seems to have vanished into thin air!"

Agneta's eyebrows shot up in surprise. "Oh, dear! That is quite the mystery indeed. Have you asked around? Perhaps someone borrowed it by mistake?"

Lars shook his head. "I'm afraid it's not that simple, Agneta. You see, I live alone, and I keep my kitchen locked at all times. The only other person with a spare key is my neighbor, Mrs. Andersson, and she's away visiting her daughter in Stockholm."

Agneta furrowed her brow in thought. "Hmm, that is peculiar. I'm afraid I haven't seen anything out of the ordinary today, Lars. But if I hear anything, I'll be sure to let you know."

Lars thanked Agneta for her time and continued his investigation, his mind abuzz with possibilities. As he made his way through the village square, he couldn't shake the feeling that there was more to this mystery than met the eye.

His next stop was the local café, where he hoped to gather more information from the regulars who frequented the establishment. Stepping inside, Lars was greeted by the comforting aroma of freshly brewed coffee and warm cinnamon buns. He spotted his friend, Olaf, seated at a corner table, nursing a steaming cup of java.

"Ah, Lars! What brings you to our humble café this fine morning?" Olaf exclaimed, waving him over.

Lars took a seat opposite Olaf and sighed. "I'm afraid it's not a social call, my friend. My jar of lingonberry jam has gone missing, and I'm on a mission to uncover the truth!"

Olaf raised an eyebrow. "Missing jam, you say? Sounds like a case for Sherlock Holmes himself! Have you any leads?"

Lars shook his head. "Not yet, but I'm working on it. I've checked the market, but no one seems to have seen anything out of the ordinary. Do you happen to know of anyone who might have a motive for stealing my jam?"

Olaf scratched his chin thoughtfully. "Well, now that you mention it, there was a stranger in town yesterday – a traveler passing through on his way to Gothenburg. Perhaps he's the culprit?"

Lars's eyes lit up with excitement. "A stranger, you say? This could be just the break I need! Do you happen to know where he's staying?"

Olaf nodded. "I believe he's lodging at the inn down the road. It's worth a shot, Lars, but be careful. You never know what you might find when you start poking around in other people's business."

Lars thanked Olaf for the tip and made his way to the inn, his heart pounding with anticipation. Could this mysterious traveler hold the key to the missing jam? There was only one way to find out.

As Lars approached the inn, he spotted a figure standing on the front steps, gazing out at the snow-covered landscape with a wistful expression. It was the stranger – a tall man with dark hair and piercing blue eyes, dressed in a stylish wool coat and leather boots.

"Excuse me, sir," Lars called out, approaching the man with caution. "I couldn't help but notice that you're new in town. Might I have a word with you?"

The stranger turned to face Lars, his eyes narrowing in suspicion. "And what business do you have with me, old man?"

Lars smiled disarmingly. "No need for hostility, my friend. I'm simply a concerned citizen trying to solve a mystery. You see, my jar of lingonberry jam has gone missing, and I couldn't help but wonder if you might know anything about it."

The stranger's expression softened, and he chuckled. "Missing jam, you say? Now that's a new one. I'm afraid I can't help you, though. I only arrived in Mölle yesterday, and I've been holed up in my room ever since."

Lars studied the man carefully, searching for any sign of deception. But try as he might, he couldn't shake the feeling that there was more to this stranger than met the eye.

"Well, thank you for your time, sir," Lars said, tipping his hat politely. "If you happen to hear anything, please don't hesitate to let me know."

The stranger nodded curtly and disappeared into the inn, leaving Lars alone on the steps. As he watched the man go, a nagging doubt tugged at the corners of his mind. Something wasn't right about this whole affair, and Lars was determined to get to the bottom of it.

With a newfound sense of purpose, Lars set off back towards his cottage, his mind whirling with thoughts of missing jam and mysterious strangers.

As Lars stepped into his cottage, the air was thick with the scent of lingonberries and the warmth of home. He hung his tweed jacket on the coat rack and settled into his favorite armchair by the fireplace, a steaming cup of tea in hand.

As he sipped his tea, Lars couldn't shake the feeling that something was amiss. The mystery of the missing jam still lingered in his mind, gnawing at his thoughts like a persistent itch. But try as he might, he couldn't seem to unravel the puzzle – until suddenly, it dawned on him.

With a jolt of realization, Lars sprang from his chair and hurried to the kitchen, his heart racing with excitement. And there, hidden beneath a pile of old newspapers on the countertop, lay the missing jar of lingonberry jam – safe and sound, just where he had left it.

A wave of relief washed over Lars as he retrieved the jar and held it aloft, his eyes sparkling with triumph. "Of course!" he exclaimed, laughing at his own forgetfulness. "How could I have been so careless?"

With a contented sigh, Lars settled back into his armchair, the flickering flames of the fire casting a warm glow over the room. And as he drifted off to sleep, he couldn't help but smile – for he knew that no matter what adventures lay ahead, he would always have his trusty jar of lingonberry jam by his side, a reminder that sometimes, the sweetest mysteries of all are the ones we solve for ourselves.

# Hemligheterna i Sommarstugan

I hjärtat av den svenska landsbygden, där de susande tallarna dansade till vindens rytm och sjöarna skimrade som smält silver under sommarsolen, stod en väderbiten sommarstuga, dess vitkalkade väggar bar tidens ärr som ärofulla utmärkelser. Detta var sommarretreatet för familjen Lindström, en plats för minnen och hemligheter gömda mitt i den lugna skönheten av naturen.

Det var midsommarafton när Lindströms samlades vid sin älskade sommarstuga – en utbredd egendom gömd bland fält av vilda blommor och höga björkar. Luften var fylld av doften av tall och barnens skratt som jagade lysmaskar i det avtagande ljuset.

När kvällen fortskred och himlen målades i nyanser av ros och guld, samlades gästerna runt det långa träbordet som dukats med överflöd av mat och dryck. Det fanns kusiner och mostrar, grannar och vänner – alla förenade i firandet av årets längsta dag.

Men bland skratten och pratet fanns det en outtalad spänning – en hemlighet som hängde tungt i luften som en stormmoln på horisonten.

För ni ser, familjen Lindström bar på en hemlighet som hade varit begravd i årtionden, gömd under ytan som en skatt som väntade på att bli upptäckt.

Det var Lars, den äldste sonen, som bar tyngden av denna hemlighet mest tungt. Han hade återvänt till sommarstugan efter många år utomlands, hans hjärta tungt av minnena från en förfluten tid han länge försökt glömma. Men hur mycket han än försökte, kunde inte Lars undkomma draget av sin familjs historia, eller spökena som spökade i korridorerna av deras anrika hem.

När natten fortskred och stjärnorna började gnistra på den sammetssvarta himlen, fann sig Lars dragen till det gamla båthuset vid sjöns kant – en plats för tröst och eftertanke mitt i festligheternas kaos.

Det var här han hade tillbringat otaliga timmar som barn, lyssnande till det mjuka plasket av vattnet mot den träiga bryggan och det prasslande av vassen i månskenets bris.

När Lars stod ensam i mörkret, vände hans tankar till hans far – en man av få ord och ännu färre känslor, vars stoiska uppträdande dolde den inre kampen. Lars hade alltid känt en känsla av obehag runt sin far, som om det fanns hemligheter gömda bakom de stålblå ögonen som han inte vågade avslöja.

Men ikväll, när tyngden av sin familjs hemligheter tryckte på honom som en blymantel, visste Lars att han inte längre kunde ignorera det förflutnas viskningar. Med ett tungt hjärta bestämde han sig för att konfrontera sin far och äntligen avslöja sanningen som hade slitit deras familj isär i så många år.

När Lars gick tillbaka mot sommarstugan, fann han sig ansikte mot ansikte med sin far, som stod ensam på verandan, hans blick fäst på sjön nedanför i månskenet. Det fanns en trötthet i hans ögon som Lars aldrig hade sett tidigare, en sårbarhet som talade om ånger alltför smärtsamma att bära.

"Fader," började Lars, hans röst darrande av känslor. "Det är något jag måste berätta för dig – något jag borde ha sagt för länge sedan."

Hans far vände sig för att möta honom, hans uttryck oläsbar i det dunkla ljuset. "Vad är det, Lars? Vad bekymrar dig så?"

Och så, med ett tungt hjärta och tårar i ögonen, avslöjade Lars hemligheten som hade plågat deras familj i generationer – sanningen om hans mors tidiga död och den roll som hans far hade spelat i hennes undergång.

Under år hade Lars burit bördan av denna hemlighet ensam, oförmögen att dela sanningen med sin familj av rädsla för konsekvenserna. Men ikväll, när han stod under stjärnorna med sin far vid sin sida, visste han att tiden för hemligheter hade passerat.

Till Lars förvåning reagerade hans far inte med ilska eller förnekelse, utan snarare med en känsla av lugn resignation. "Jag har burit den bördan alltför länge, Lars," bekände han, hans röst knappt över en viskning. "Jag älskade din mor mer än livet självt, men jag kunde inte rädda henne från det mörker som förtärde henne."

När far och son stod tillsammans i nattens stillhet lyfte bördan av deras delade sorg som en dimma, lämnade efter sig en känsla av frid och förståelse som hade undvikit dem så länge.

Och så, när den första morgonens ljus målade himlen i nyanser av rosa och guld, återvände Lars och hans far till sommarstugan hand i hand, deras hjärtan lättare än de hade varit på år.

# Secrets of the Summerhouse

In the heart of the Swedish countryside, where the whispering pines danced to the rhythm of the wind and the lakes shimmered like molten silver under the summer sun, there stood a weathered summerhouse, its whitewashed walls bearing the scars of time like badges of honor. This was the summer retreat of the Lindström family, a place of memories and secrets hidden amidst the tranquil beauty of nature.

It was midsummer's eve when the Lindströms gathered at their beloved summerhouse – a sprawling estate nestled amidst fields of wildflowers and towering birch trees. The air was alive with the scent of pine and the laughter of children chasing fireflies in the fading light.

As the evening wore on and the sky was painted in hues of rose and gold, the guests gathered around the long wooden table set with an abundance of food and drink. There were cousins and aunts, neighbors and friends – all united in celebration of the longest day of the year.

But amidst the laughter and chatter, there lingered an unspoken tension – a secret that hung heavy in the air like a stormcloud on the horizon. For you see, the Lindström family harbored a secret that had been buried for decades, hidden beneath the surface like a treasure waiting to be unearthed.

It was Lars, the eldest son, who bore the weight of this secret most heavily. He had returned to the summerhouse after many years abroad, his heart heavy with the memories of a past he had long tried to forget. But try as he might, Lars could not escape the pull of his family's history, nor the ghosts that haunted the halls of their ancestral home.

As the night wore on and the stars began to twinkle in the velvety sky, Lars found himself drawn to the old boathouse at the edge of the lake – a place of solace and reflection amidst the chaos of the festivities. It was here that he had spent countless hours as a child, listening to the gentle lapping of the water against the wooden dock and the rustling of the reeds in the moonlit breeze.

As Lars stood alone in the darkness, his thoughts turned to his father – a man of few words and even fewer emotions, whose stoic demeanor belied the turmoil that raged within. Lars had always felt a sense of unease around his father, as though there were secrets hidden behind those steely blue eyes that he dared not uncover.

But tonight, as the weight of his family's secrets pressed down upon him like a leaden cloak, Lars knew that he could no longer ignore the whispers of the past. With a heavy heart, he resolved to confront his father and finally lay bare the truth that had torn their family apart for so many years.

As Lars made his way back to the summerhouse, he found himself face to face with his father, who stood alone on the veranda, his gaze fixed on the moonlit lake below. There was a weariness in his eyes that Lars had never seen before, a vulnerability that spoke of regrets too painful to bear.

"Father," Lars began, his voice trembling with emotion. "There's something I need to tell you – something I should have said a long time ago."

His father turned to face him, his expression unreadable in the dim light. "What is it, Lars? What troubles you so?"

And so, with a heavy heart and tears in his eyes, Lars revealed the secret that had haunted their family for generations – the truth of his mother's untimely death, and the role that his father had played in her demise.

For years, Lars had carried the burden of this secret alone, unable to share the truth with his family for fear of the consequences. But tonight, as he stood beneath the stars with his father by his side, he knew that the time for secrets had passed.

To Lars's surprise, his father did not react with anger or denial, but rather with a sense of quiet resignation. "I've carried that burden for far too long, Lars," he confessed, his voice barely above a whisper. "I loved your mother more than life itself, but I could not save her from the darkness that consumed her."

As father and son stood together in the stillness of the night, the weight of their shared grief lifted like a fog, leaving behind a sense of peace and understanding that had eluded them for so long.

And so, as the first light of dawn painted the sky in shades of pink and gold, Lars and his father returned to the summerhouse hand in hand, their hearts lighter than they had been in years.

# Midnattssolen

I den vidsträckta svenska vildmarken, där floderna flöt snabbt och skogarna sträckte sig så långt ögat kunde nå, bodde en man vid namn Erik Andersson. Erik var en ensamgestalt, en jägare och fiskare som hade tillbringat sitt liv med att vandra den orörda landskapet i sitt hemland, sökande tröst i naturens famn.

Det var sommarens höjdpunkt, och solen hängde lågt på horisonten och kastade långa skuggor över det karga terrängen. För i den här delen av Sverige sträckte sig sommardagarna oändligt, solen doppade aldrig under horisonten utan istället dröjde i himlen som en envis gäst som vägrade att lämna.

Erik hade alltid dragits till de vilda platserna, finnande tröst i skogens tystnad och de mjuka vågorna mot stranden. Men på senare tid hade en mörker sänkt sig över hans själ, en känsla av tomhet som verkade växa för varje dag som gick.

En kväll, när Erik satt ensam vid elden utanför sin stuga, övermannades han av rastlöshet. Han längtade efter något mer – ett syfte att ge mening åt sin ensamma tillvaro, en anledning att fortsätta när världens tyngd verkade för tung att bära.

Och så, med ett tungt hjärta och en känsla av beslutsamhet brinnande i bröstet, begav sig Erik ut i vildmarken, hans fotsteg ekande i nattens stillhet. Han hade hört viskningar om en legendarisk björn som vandrade genom skogarna i norra Sverige – en varelse av myt och legend, sagt att besitta en visdom bortom den hos dödliga män.

Under dagar vandrade Erik genom den täta undervegetationen, hans sinnen alerta för varje ljud och rörelse. Han sov under stjärnorna, hans drömmar plågade av visioner av den undflyende björnen som hade fångat hans fantasi.

Och sedan, på den fjärde natten av hans resa, fick Erik syn på en skugglik figur som rörde sig genom träden – ett massivt djur med päls så svart som natten och ögon som brann med en inre eld. Det var björnen, majestätisk och kraftfull, en varelse av häpnadsväckande skönhet.

Utan tvekan höjde Erik sitt gevär och tog sikte, hans hjärta dunkade i bröstet. Men när han såg in i ögonen på varelsen framför honom, tvekade han – för i den stunden såg han inte en fruktansvärd rovdjur, utan en själsfrände, vilse och ensam i vildmarken.

Och så, med ett tungt hjärta och en känsla av vördnad, sänkte Erik sitt vapen och tog ett steg framåt, hans blick aldrig lämnande björnens. För i den stunden visste han att han hade funnit det han hade sökt efter – inte i form av ett trofé att hänga på sin vägg, utan i form av en kamrat att dela sin ensamhet med.

När Erik närmade sig, betraktade björnen honom med en blandning av nyfikenhet och försiktighet, dess nosrygg ryckande när den fångade hans doft på brisen. Och sedan, till Eriks förvåning, sänkte björnen sitt huvud i en gest av underkastelse, inbjudande honom att komma närmare.

Med darrande händer sträckte Erik ut och rörde vid björnens päls, kände den grova texturen under sina fingertoppar. Och i den stunden kände han en anslutning – en bindning som övergick ord och barriärer, länkande dem tillsammans i en tyst förståelse född av det vilda.

# The Midnight Sun

In the vast expanse of the Swedish wilderness, where the rivers ran swift and the forests stretched as far as the eye could see, there lived a man named Erik Andersson. Erik was a solitary figure, a hunter and fisherman who had spent his life wandering the untamed landscape of his homeland, seeking solace in the embrace of nature.

It was the height of summer, and the sun hung low on the horizon, casting long shadows across the rugged terrain. For in this part of Sweden, the summer days stretched on endlessly, the sun never dipping below the horizon but instead lingering in the sky like a stubborn guest who refused to leave.

Erik had always been drawn to the wild places, finding solace in the quietude of the forest and the gentle lapping of the waves against the shore. But lately, a darkness had settled over his soul, a sense of emptiness that seemed to grow with each passing day.

One evening, as Erik sat alone by the fire outside his cabin, a sense of restlessness overtook him. He longed for something more – a purpose to give meaning to his solitary existence, a reason to continue on when the weight of the world seemed too heavy to bear.

And so, with a heavy heart and a sense of determination burning in his chest, Erik set out into the wilderness, his footsteps echoing in the stillness of the night. He had heard whispers of a legendary bear that roamed the forests of northern Sweden – a creature of myth and legend, said to possess a wisdom beyond that of mortal men.

For days, Erik wandered through the dense undergrowth, his senses alert to every sound and movement. He slept beneath the stars, his dreams haunted by visions of the elusive bear that had captured his imagination. And then, on the fourth night of his journey, Erik caught sight of a shadowy figure moving through the trees – a massive beast with fur as black as night and eyes that burned with an inner fire. It was the bear, majestic and powerful, a creature of awe-inspiring beauty.

Without hesitation, Erik raised his rifle and took aim, his heart pounding in his chest. But as he looked into the eyes of the creature before him, he hesitated – for in that moment, he saw not a fearsome predator, but a kindred spirit, lost and alone in the wilderness.

And so, with a heavy heart and a sense of reverence, Erik lowered his weapon and stepped forward, his gaze never leaving the bear's. For in that moment, he knew that he had found what he had been searching for – not in the form of a trophy to hang on his wall, but in the form of a companion to share his solitude.

As Erik approached, the bear regarded him with a mixture of curiosity and caution, its nostrils twitching as it caught his scent on the breeze. And then, to Erik's astonishment, the bear lowered its head in a gesture of submission, inviting him to come closer.

With trembling hands, Erik reached out and touched the bear's fur, feeling the coarse texture beneath his fingertips. And in that moment, he felt a connection – a bond that transcended words and barriers, linking them together in a silent understanding born of the wild.

# En Berättelse om Kärlek och Förlust

I hjärtat av det lantliga Sverige, där de gamla skogarna viskade hemligheter till vinden och floderna mumlade vaggvisor till månen, stod en pittoresk by gömd bland böljande kullar och fält av gyllene vete. Detta var hemmet för Elsa Andersson, en ung kvinna vars själ brann lika starkt som sommarsolen, trots skuggorna som dröjde i hennes hjärtas vrår.

Elsa hade vuxit upp bland den svenska landsbygdens skönhet, hennes dagar fyllda av skratt och ljus, hennes nätter levande med stjärnornas magi. Men under hennes glada yta låg en sorg som hon inte kunde skaka av sig – en längtan efter något hon inte kunde namnge, en längtan efter en kärlek som hittills hade undvikit henne.

Det var på en varm sommarkväll, när solen sjönk lågt över horisonten och målade himlen i nyanser av ros och guld, som Elsa för första gången såg Johan, en vacker främling med ögon så blå som havet och ett leende som smälte hennes hjärta. Han hade kommit till byn från fjärran, sökandes skydd från de stormar som rasade inom honom, och Elsa visste från det ögonblick deras blickar möttes att han var ämnad att förändra hennes liv för alltid.

Från den dagen och framåt var Elsa och Johan oskiljaktiga, deras kärlek blomstrade som vildblommorna som täckte kullarna i nyanser av violett och guld. De vandrade hand i hand genom ängarna, deras skratt ekade i nattens tystnad, deras hjärtan sammanflätade som rankor i en älskares omfamning.

Men under ytan av deras idylliska romans låg en mörker som hotade att riva dem isär – för Johan bar på en hemlig börda som han inte kunde dela med sig av, en förflutenhet hemsökt av minnen alltför smärtsamma att bära. Och hur mycket Elsa än försökte kunde hon inte bryta igenom de murar han hade rest kring sitt hjärta, eller lindra tyngden av sorgen som tyngde ner honom.

När sommardagarna sträckte sig oändligt på, blev Johan allt mer distanserad, hans leende falnande som det döende ljuset från solen när dagarna blev kortare och nätterna blev kallare. Och även om Elsa bad honom att dela sin smärta, förblev han tyst, retirerande djupare in i sig själv för varje dag som gick.

Det var på en månskensnatt i slutet av augusti som Johan äntligen avslöjade sanningen – en sanning som krossade Elsas hjärta i miljoner bitar och lämnade hennes värld i spillror. För Johan var inte den han utgav sig för att vara, utan en flykting som flydde från konsekvenserna av ett brott han hade begått i ett avlägset land.

I det ögonblicket visste Elsa att deras kärlek var dömd – för hur skulle hon någonsin kunna förlåta Johan för lögnerna han hade berättat, för smärtan han hade åsamkat hennes intet ont anande hjärta? Men ändå, även när hon vände sig bort från honom, förblev hennes kärlek till honom lika stark och obeveklig som någonsin, en låga som vägrade släckas av ödets vindar.

Med ett tungt hjärta såg Elsa på när Johan försvann in i natten, hans gestalt bleknande in i mörkret som en skugga sväljd av månen. Och även om hon visste att hon aldrig skulle se honom igen, kunde hon inte ångra den kärlek de delat – för i hans armar hade hon funnit en glimt av den lycka som alltid undvikit henne, en smak av passionen som brann inom henne.

För även om Johan hade varit hennes första kärlek, var han inte hennes sista. Och även om hon aldrig glömde den bitterljuva romansen som en gång tänt hennes hjärta, visste hon att det var den kärlek som bestod som skulle bära henne genom de mörkaste av nätter och in i ljuset av en ny dag.

# A Tale of Love and Loss

In the heart of rural Sweden, where the ancient forests whispered secrets to the wind and the rivers murmured lullabies to the moon, there stood a quaint village nestled amidst rolling hills and fields of golden wheat. This was the home of Elsa Andersson, a young woman whose spirit burned as brightly as the summer sun, despite the shadows that lingered in the corners of her heart.

Elsa had grown up amidst the beauty of the Swedish countryside, her days filled with laughter and light, her nights alive with the magic of the stars. But beneath her cheerful exterior lay a sadness that she could not shake – a sense of longing for something she could not name, a yearning for a love that had eluded her thus far.

It was on a warm summer's evening, as the sun dipped low on the horizon and painted the sky in hues of rose and gold, that Elsa first laid eyes on Johan, a handsome stranger with eyes as blue as the sea and a smile that melted her heart. He had come to the village from afar, seeking refuge from the storms that raged within his soul, and Elsa knew from the moment their eyes met that he was destined to change her life forever.

From that day forward, Elsa and Johan were inseparable, their love blossoming like the wildflowers that carpeted the hillsides in shades of violet and gold. They wandered hand in hand through the meadows, their laughter echoing in the stillness of the night, their hearts entwined like vines in a lover's embrace.

But beneath the surface of their idyllic romance lay a darkness that threatened to tear them apart – for Johan bore a secret burden that he could not share, a past haunted by memories too painful to bear. And try as she might, Elsa could not break through the walls that he had erected around his heart, nor ease the weight of the sorrow that weighed him down.

As the summer days stretched on endlessly, Johan grew more distant, his smile fading like the dying light of the sun as the days grew shorter and the nights grew colder. And though Elsa pleaded with him to share his pain, he remained silent, retreating further into himself with each passing day.

It was on a moonlit night in late August that Johan finally revealed the truth – a truth that shattered Elsa's heart into a million pieces and left her world in ruins. For Johan was not who he claimed to be, but rather a fugitive fleeing from the consequences of a crime he had committed in a distant land.

In that moment, Elsa knew that their love was doomed – for how could she ever forgive Johan for the lies he had told, for the pain he had inflicted upon her unsuspecting heart? And yet, even as she turned away from him, her love for him remained as fierce and unyielding as ever, a flame that refused to be extinguished by the winds of fate.

With a heavy heart, Elsa watched as Johan disappeared into the night, his figure fading into the darkness like a shadow swallowed by the moon. And though she knew that she would never see him again, she could not bring herself to regret the love they had shared – for in his arms, she had found a glimpse of the happiness that had always eluded her, a taste of the passion that burned within her soul.

For though Johan had been her first love, he was not her last. And though she never forgot the bittersweet romance that had once set her heart ablaze, she knew that it was the love that remained that would carry her through the darkest of nights and into the light of a new day.

I den vidsträckta svenska vildmarken, där skogarna sträckte sig oändligt och sjöarna glittrade som juveler i solljuset, bodde en ung man vid namn Anders. Anders var av naturen en vandrare, hans själ längtande efter äventyr och hans hjärta rastlöst av önskan att utforska det okända.

En klar höstmorgon, när löven vände till guld och luften fylldes av doften av tall och vedrök, begav sig Anders ut på en resa in i hjärtat av den svenska landsbygden. Med inget annat än en ryggsäck slängd över axeln och en nyfikenhets känsla som brann i hans bröst, vandrade han mållöst genom de slingrande skogsstigarna, hans fötter följde rytmen av hans rastlösa själ.

När han gick fann sig Anders dras djupare och djupare in i vildmarken, hans sinnen levande med naturens syn och ljud i all dess orörda härlighet. Han förundrades över de höga tallarna som sträckte sig mot himlen, deras grenar svajande i vinden som dansare i en glömd dröm. Han lyssnade till skogens symfoni – fågelkvitter, lövens prassel, den mjuka susningen från bäckarna som slingrade sig genom undervegetationen.

I dagar vandrade Anders utan syfte eller riktning, hans enda sällskap vilda djur och de viskande vindarna som ledde hans steg. Han sov under stjärnorna, hans drömmar fyllda av visioner från avlägsna länder och outtalade äventyr, hans hjärta dunkande av spänningen från det okända. Och sedan, en ödesdiger natt när norrskenet målade himlen i nyanser av grönt och lila, stötte Anders på en avlägsen stuga gömd bland träden. Det var en enkel bostad, dess väggar väderbitna av tid och dess fönster förmörkade av skuggor, men för Anders var det en fristad – en tillflyktsort i vildmarkens mitt.

Med en känsla av vördnad och undran närmade sig Anders stugan och tryckte upp dörren, steg in i värmen av det upplysta interiören. Och där, sittande vid spisen, fanns en ensam figur – en gammal man med ögon lika djupa och mystiska som midnattshimlen.

"Välkommen, resenär," sade den gamle mannen, hans röst lika mjuk och mild som lövens prassel. "Jag har väntat på dig."

Anders blinkade förvånat. "Hur kunde du veta att jag kom?"

Den gamle mannen log klokt. "I dessa skogar finns inga hemligheter – bara eko från det förflutna och viskningar om framtiden. Du har letat efter något, har du inte, Anders? Något som ligger bortom horisonten, bortom den här världens begränsningar?"

Anders nickade, hans hjärta bultande av spänning. "Ja, det har jag. Jag har letat efter... för mening, för syfte. Jag vill uppleva livet i all dess skönhet och kaos, för att finna mig själv mitt i universums oändlighet."

Den gamle mannens ögon gnistrade av visdom. "Ah, att söka är att finna, min unge vän. Men kom ihåg – resan är lika viktig som destinationen. Omfamna det okända, för det är i ögonblicken av osäkerhet som vi upptäcker vem vi verkligen är."

Och så, med den gamle mannen som sin guide, gav sig Anders ut på en resa av självupptäckt som skulle ta honom till de fjärraste delarna av den svenska vildmarken och bortom. Tillsammans strövade de genom skogar och ängar, deras själar sammanflätade som rankor i en älskares omfamning, deras hjärtan öppna för universums mysterier.

De dansade under norrskenet, deras själar svävande på renaste extasens vingar. De simmade i de isiga vattnen i bergsbäckarna, deras skratt ekande genom dalarna som klangen av avlägsna klockor. Och när dagarna övergick till veckor och veckorna övergick till månader, kände Anders sin själ vakna till livets skönhet omkring honom, hans hjärta överfyllt av tacksamhet för gåvan av varje förflutet ögonblick.

Men när årstiderna förändrades och dagarna blev kortare visste Anders att hans tid i vildmarken närmade sig sitt slut. Han hade funnit det han sökte efter – inte i form av en destination eller ett mål, utan i den enkla handlingen att leva, att vara närvarande i ögonblicket och omfamna skönheten i världen omkring honom.

Och så, på en klar vintermorgon, tog Anders farväl av den gamle mannen och stugan i skogen, hans hjärta tungt av sorg men hans själ lätt som en fjäder.

# On the Road

In the vast expanse of the Swedish wilderness, where the forests stretched on endlessly and the lakes shimmered like jewels in the sunlight, there lived a young man named Anders. Anders was a wanderer by nature, his soul yearning for adventure and his heart restless with the desire to explore the unknown.

One crisp autumn morning, as the leaves turned to gold and the air was filled with the scent of pine and woodsmoke, Anders set out on a journey into the heart of the Swedish countryside. With nothing but a backpack slung over his shoulder and a sense of curiosity burning in his chest, he wandered aimlessly through the winding forest trails, his feet following the rhythm of his restless spirit.

As he walked, Anders found himself drawn deeper and deeper into the wilderness, his senses alive with the sights and sounds of nature in all its untamed glory. He marveled at the towering pines that reached for the sky, their branches swaying in the breeze like dancers in a forgotten dream. He listened to the symphony of the forest – the chirping of birds, the rustling of leaves, the gentle murmur of the streams that meandered through the undergrowth.

For days, Anders wandered without purpose or direction, his only companions the creatures of the wild and the whispering winds that guided his steps. He slept beneath the stars, his dreams filled with visions of distant lands and untold adventures, his heart pounding with the thrill of the unknown.

And then, one fateful night, as the northern lights painted the sky in shades of green and purple, Anders stumbled upon a remote cabin nestled amidst the trees. It was a humble abode, its walls weathered by time and its windows darkened by shadows, but to Anders, it was a sanctuary – a haven of solitude in the midst of the wilderness.

With a sense of awe and wonder, Anders approached the cabin and pushed open the door, stepping into the warmth of the firelit interior. And there, seated by the hearth, was a solitary figure – an old man with eyes as deep and mysterious as the midnight sky.

"Welcome, traveler," the old man said, his voice as soft and gentle as the rustling of leaves. "I've been expecting you."

Anders blinked in surprise. "How could you have known I was coming?"

The old man smiled knowingly. "In these woods, there are no secrets – only echoes of the past and whispers of the future. You have been searching for something, haven't you, Anders? Something that lies beyond the horizon, beyond the confines of this world?"

Anders nodded, his heart racing with excitement. "Yes, I have. I've been searching for... for meaning, for purpose. I want to experience life in all its beauty and chaos, to find myself amidst the vastness of the universe."

The old man's eyes sparkled with wisdom. "Ah, to seek is to find, my young friend. But remember – the journey is as important as the destination. Embrace the unknown, for it is in the moments of uncertainty that we discover who we truly are."

And so, with the old man as his guide, Anders embarked on a journey of self-discovery that would take him to the farthest reaches of the Swedish wilderness and beyond. Together, they roamed the forests and meadows, their souls entwined like vines in a lover's embrace, their hearts open to the mysteries of the universe.

They danced beneath the northern lights, their spirits soaring on wings of purest ecstasy. They swam in the icy waters of mountain streams, their laughter echoing through the valleys like the chime of distant bells. And as the days turned to weeks and the weeks turned to months, Anders felt his soul awaken to the beauty of the world around him, his heart overflowing with gratitude for the gift of each passing moment.

But as the seasons changed and the days grew shorter, Anders knew that his time in the wilderness was drawing to a close. He had found what he had been searching for – not in the form of a destination or a goal, but in the simple act of living, of being present in the moment and embracing the beauty of the world around him.

And so, on a crisp winter's morning, Anders bid farewell to the old man and the cabin in the woods, his heart heavy with sadness but his spirit light as a feather.

# Midnatt vid Midsommarfesten

I den pittoreska svenska landsbygden, där luften var frisk med doften av vilda blommor och himlen målades med färger från norrskenet, fanns en pittoresk liten by vid namn Solskogen. Denna by var vida känd för sin årliga Midsommarfest, en hyllning till kärlek, vänskap och sommarens glädje.

I hjärtat av Solskogen stod ett charmigt värdshus, Midsommar Inn, drivet av den livliga och starkt självständiga Anna Svensson. Anna var en kvinna som bar sitt hjärta på ärmen, hennes skratt smittsamt och hennes leende lyste upp rummet som sommarsolen. Hon var en älskad figur i byn, känd för sin värme och gästfrihet, och hennes värdshus var en fristad för resenärer från när och fjärran.

När dagarna blev längre och nätterna kortare var förberedelserna för Midsommarfesten i full gång på Midsommar Inn. Byborna surrade av spänning, deras hjärtan fladdrande av förväntan inför de kommande festligheterna.

Bland gästerna som bodde på värdshuset fanns William, en charmig och stilig författare från de livliga gatorna i Stockholm. William hade kommit till Solskogen för att söka inspiration till sin nästa roman, men vad han fann var något långt mer oväntat – en slumpartad möte med den förtrollande Anna Svensson.

Från det ögonblick William fick syn på Anna var han betagen. Hennes skratt var som musik i hans öron, hennes leende ljusare än stjärnorna som glittrade på den midnattssvarta himlen. Och även om han försökte fokusera på sitt skrivande, fann han sina tankar ständigt vandrande tillbaka till henne – till sättet hennes hår fångade solskenet och gnistret i hennes ögon när hon skrattade.

Under tiden fann Anna sig dragen till William på sätt hon inte kunde förklara. Det fanns något med honom – hans kvickhet, hans charm, hans lätta leende – som väckte något djupt inom henne, väckte känslor hon trodde var längesedan glömda. Och även om hon försökte förneka attraktionen, kunde hon inte låta bli att känna en pirrande känsla i sitt hjärta när han var nära.

När dagen för Midsommarfesten närmade sig var luften laddad med förväntan, byn brusade av spänning inför festligheterna som skulle komma. Värdshuset var en virvel av aktivitet, med bybor och gäster som alla hjälpte till att förbereda sig för festligheterna.

Och sedan, på festkvällen, när solen sjönk lågt på horisonten och himlen målades i nyanser av rosa och guld, samlades byborna på torget för att delta i festligheterna. Det var blommor i deras hår och skratt på deras läppar när de dansade kring midsommarstången, deras hjärtan fyllda av glädje och deras själar svävande på renaste extas.

I vimlet letade William efter Anna, hans hjärta bultade av förväntan vid tanken på att få se henne igen. Och när han äntligen fick syn på henne bland dansarna fångade han nästan andan – för hon var vackrare än han någonsin kunnat föreställa sig, hennes skratt ringande ut som klockor i natten.

Och sedan, som om av något slags ödets förspel, möttes deras ögon över det trångt torget, och i den stunden verkade tiden stå stilla. Världen föll bort runt dem, och lämnade bara dem två låsta i en tyst omfamning, deras hjärtan bankande som ett under himlens midnattssol.

Med en mod han aldrig visste att han besatt, tog William Annas hand och ledde henne ut på dansgolvet, deras kroppar rörde sig i perfekt harmoni till musikens rytm. Och när de snurrade och dansade under stjärnorna kände de en anslutning – en bindning som överskred ord och hinder, länkade dem tillsammans i en dans så gammal som tiden själv.

Och så, när natten led mot sitt slut och stjärnorna bleknade bort i gryningen, dansade William och Anna tills deras fötter blev trötta och deras hjärtan var lätta av glädje. För i den stunden, mitt i skrattet och musiken och magin av Midsommarfesten, visste de att de hade funnit något speciellt – något värt att hålla fast vid med all sin kraft.

# Midnight at the Midsummer Feast

In the picturesque countryside of Sweden, where the air was crisp with the scent of wildflowers and the skies painted with the colors of the aurora borealis, there existed a quaint little village named Solskogen. This village was known far and wide for its annual Midsommar feast, a celebration of love, friendship, and the joys of summer.

At the heart of Solskogen stood a charming inn, the Midsommar Inn, run by the spirited and fiercely independent Anna Svensson. Anna was a woman who wore her heart on her sleeve, her laughter infectious and her smile lighting up the room like the summer sun. She was a beloved figure in the village, known for her warmth and hospitality, and her inn was a haven for travelers from near and far.

As the days grew longer and the nights grew shorter, preparations for the Midsummer feast were in full swing at the Midsommar Inn. The villagers buzzed with excitement, their hearts aflutter with anticipation for the festivities to come.

Among the guests staying at the inn was William, a charming and debonair writer from the bustling streets of Stockholm. William had come to Solskogen seeking inspiration for his next novel, but what he found was something far more unexpected – a chance encounter with the enchanting Anna Svensson.

From the moment William laid eyes on Anna, he was smitten. Her laughter was like music to his ears, her smile brighter than the stars that twinkled in the midnight sky. And though he tried to focus on his writing, he found his thoughts constantly wandering back to her – to the way her hair caught the sunlight and the sparkle in her eyes when she laughed.

Meanwhile, Anna found herself drawn to William in ways she couldn't explain. There was something about him – his wit, his charm, his easy smile – that stirred something deep within her, awakening feelings she thought long forgotten. And though she tried to deny the attraction, she couldn't help but feel a flutter in her heart whenever he was near.

As the day of the Midsummer feast approached, the air was charged with anticipation, the village abuzz with excitement for the festivities to come. The inn was a flurry of activity, with villagers and guests alike lending a hand to prepare for the celebration.

And then, on the night of the feast, as the sun dipped low on the horizon and the sky was painted in shades of pink and gold, the villagers gathered in the town square to partake in the festivities. There were flowers in their hair and laughter on their lips as they danced around the maypole, their hearts filled with joy and their spirits soaring on wings of purest ecstasy.

Amidst the revelry, William found himself searching for Anna, his heart racing with anticipation at the thought of seeing her again. And when he finally caught sight of her amidst the throng of dancers, his breath caught in his throat – for she was more beautiful than he had ever imagined, her laughter ringing out like bells in the night.

And then, as if by some twist of fate, their eyes met across the crowded square, and in that moment, time seemed to stand still. The world fell away around them, leaving only the two of them locked in a silent embrace, their hearts beating as one beneath the light of the midnight sun.

With a sense of courage he never knew he possessed, William took Anna's hand and led her onto the dance floor, their bodies moving in perfect harmony to the rhythm of the music. And as they twirled and spun beneath the stars, they felt a connection – a bond that transcended words and barriers, linking them together in a dance as old as time itself.

And so, as the night wore on and the stars faded into the dawn, William and Anna danced until their feet grew weary and their hearts were light with joy. For in that moment, amidst the laughter and the music and the magic of the Midsummer feast, they knew that they had found something special – something worth holding onto with all their hearts.

# Den förtrollade skogen

I hjärtat av de svenska skogarna, där träden viskade hemligheter till vinden och bäckarna fnissade som busiga älvor, bodde en ung flicka vid namn Astrid. Astrid var en drömmare, hennes fantasi lika gränslös som himlen ovan, hennes själ obegränsad av verklighetens begränsningar.

Varje dag skulle Astrid ge sig ut i skogen, hennes fötter hoppade över mossbeklädd mark, hennes ögon upplysta av världens magi runtomkring henne. Hon skulle jaga fjärilar genom ängarna, lyssna till fåglarnas sånger i trädtopparna och förundras över de underverk som låg gömda under det gröna bladverket.

Men mitt i skogens skönhet längtade Astrid efter äventyr – efter något mer än de vardagliga underverk som omgav henne. Och så, en ödesdiger dag, när solen sjönk lågt på horisonten och skuggorna blev långa och förvridna under träden, begav hon sig ut på en resa in i det okända.

Med inget annat än en ryggsäck över axeln och en känsla av förundran brinnande i sitt bröst, vandrade Astrid djupare in i hjärtat av skogen, hennes fotsteg styrda av lysen från eldflugorna som dansade i mörkret.

När hon gick, hörde Astrid viskningar – svaga, etrerala röster som verkade ekot genom träden, lockande henne som gamla vänner. Hon följde ljudet, hennes hjärta bultade av spänning, tills hon kom till en glänta badad i månsken, där en ring av svampar växte i en perfekt cirkel.

I mitten av ringen stod en varelse likt ingenting Astrid hade sett tidigare – en liten tomte med ett långt, vitt skägg och en gnista i ögat. Han presenterade sig som Gustav, skogens väktare, och välkomnade Astrid med öppna armar.

"Hälsningar, unga äventyrare," sa Gustav, hans röst som suset av löv i vinden. "Jag har väntat på dig."

Astrid blinkade förvånat. "Jag? Men varför?"

Gustav skrattade, ett ljud som klockor som ringde på avstånd. "För att, min kära, du är den utvalda – den som är ämnad att låsa upp hemligheterna i den förtrollade skogen och upptäcka skatterna som gömmer sig inom."

Med en känsla av vördnad och förundran följde Astrid Gustav djupare in i skogen, hennes ögon vidöppna av spänning när de vandrade genom ängar och dalar, över floder och berg, tills de kom fram till en lund av forntida träd som verkade sträcka sig oändligt i varje riktning.

"Detta är hjärtat av den förtrollade skogen," sa Gustav, hans röst viskande av vördnad. "Här, mitt bland träden och bäckarnas skratt, ligger de största skatterna av alla – drömmarna och önskningarna från dem som har kommit före oss, väntande på att upptäckas av dem som är tillräckligt modiga att söka efter dem."

Och så, med Gustav som hennes guide, begav sig Astrid ut för att utforska den förtrollade skogen, hennes hjärta fyllt av förundran och hennes sinne levande med de möjligheter som låg framför henne. Tillsammans vandrade de genom slingrande stigar och gömda dalgångar, mötande varelser både konstiga och underbara – från talande djur till busiga älvor, var och en mer fantastisk än den förra.

När de vandrade djupare in i skogen kände Astrid sig förändrad – hon växte modigare och tapprare för varje dag som gick, hennes själ svävande på renaste förtjusning. Hon dansade med älvorna i månbelysta gläntor, sjöng med fåglarna i trädtopparna och skrattade med skogens varelser tills hennes kinder värkte av glädje.

Men mitt i skrattet och magin glömde Astrid aldrig anledningen till sin resa – att upptäcka den största skatten av alla, den som låg gömd inom hennes eget hjärta. Och så, en ödesdiger natt, när stjärnorna gnistrade ovanför och månen kastade sitt silverljus över skogen nedanför, fann hon sig stå vid kanten av en kristallklar damm, hennes spegelbild glittrande i vattnet som en spöklik syn.

Det var då Astrid såg det – en glimt av ljus som sken från djupet av dammen, lockande henne att komma närmare. Med en känsla av spänning och förväntan vadade hon ut i vattnet, hennes hjärta bultande i hennes bröst när hon sträckte ut handen för att vidröra ljuskällan.

Och sedan, när hennes fingrar borstade mot vattenytan, kände hon en våg av energi – en rusning av värme som spred sig genom hennes kropp som en löpeld, fyllande henne med en känsla av frid och tillfredsställelse hon aldrig känt tidigare.

För i den stunden insåg Astrid att den största skatten av alla inte var något som skulle hittas i den yttre världen, utan något som låg inom henne egen hjärta – fantasins magi, drömmarnas kraft och den mänskliga själens skönhet.

# The Enchanted Forest

In the heart of the Swedish woods, where the trees whispered secrets to the wind and the streams giggled like mischievous sprites, there lived a young girl named Astrid. Astrid was a dreamer, her imagination as boundless as the sky above, her spirit unshackled by the constraints of reality.

Every day, Astrid would venture into the forest, her feet skipping over the mossy ground, her eyes alight with the magic of the world around her. She would chase butterflies through the meadows, listen to the songs of the birds in the treetops, and marvel at the wonders that lay hidden beneath the canopy of green.

But amidst the beauty of the forest, Astrid longed for adventure – for something more than the everyday wonders that surrounded her. And so, one fateful day, as the sun dipped low on the horizon and the shadows grew long and twisted beneath the trees, she set out on a journey into the unknown.

With nothing but a knapsack slung over her shoulder and a sense of wonder burning in her chest, Astrid ventured deeper into the heart of the forest, her footsteps guided by the light of the fireflies that danced in the darkness.

As she walked, Astrid heard whispers – faint, ethereal voices that seemed to echo through the trees, calling out to her like old friends. She followed the sound, her heart pounding with excitement, until she came upon a clearing bathed in moonlight, where a circle of mushrooms grew in a perfect ring.

In the center of the ring stood a creature unlike anything Astrid had ever seen – a tiny gnome with a long, white beard and a twinkle in his eye. He introduced himself as Gustav, the guardian of the forest, and welcomed Astrid with open arms.

"Greetings, young adventurer," Gustav said, his voice like the rustling of leaves in the wind. "I have been expecting you."

Astrid blinked in surprise. "Me? But why?"

Gustav chuckled, a sound like bells ringing in the distance. "Because, my dear, you are the chosen one – the one destined to unlock the secrets of the enchanted forest and discover the treasures that lie hidden within."

With a sense of awe and wonder, Astrid followed Gustav deeper into the forest, her eyes wide with excitement as they journeyed through meadows and valleys, over rivers and mountains, until they came upon a grove of ancient trees that seemed to stretch on endlessly in every direction.

"This is the heart of the enchanted forest," Gustav said, his voice hushed with reverence. "Here, amidst the whispers of the trees and the laughter of the streams, lie the greatest treasures of all – the dreams and desires of those who have come before us, waiting to be discovered by those brave enough to seek them out."

And so, with Gustav as her guide, Astrid set out to explore the enchanted forest, her heart filled with wonder and her mind alive with the possibilities that lay before her. Together, they wandered through the meandering paths and hidden glens, encountering creatures both strange and wondrous – from talking animals to mischievous sprites, each one more fantastical than the last.

As they journeyed deeper into the forest, Astrid felt herself changing – growing bolder and braver with each passing day, her spirit soaring on wings of purest delight. She danced with the fairies in the moonlit glades, sang with the birds in the treetops, and laughed with the creatures of the forest until her cheeks ached with joy.

But amidst the laughter and the magic, Astrid never forgot the reason for her journey – to discover the greatest treasure of all, the one that lay hidden within her own heart. And so, one fateful night, as the stars twinkled overhead and the moon cast its silvery light upon the forest below, she found herself standing at the edge of a crystal-clear pond, her reflection shimmering in the water like a ghostly apparition.

It was then that Astrid saw it – a glimmer of light shining from the depths of the pond, beckoning her to come closer. With a sense of trepidation and excitement, she waded into the water, her heart pounding in her chest as she reached out to touch the source of the light. And then, as her fingers brushed against the surface of the water, she felt a surge of energy – a rush of warmth that spread through her body like wildfire, filling her with a sense of peace and contentment she had never known before.

For in that moment, Astrid realized that the greatest treasure of all was not something to be found in the outside world, but something that lay within her own heart – the magic of imagination, the power of dreams, and the beauty of the human spirit.

# Skuggor vid Vattenkanten

I Stockholms hjärta, där kullerstenstrottoarerna ekade av de trötta resenärernas fotsteg och den salta brisen från Östersjön viskade hemligheter till dem som vågade lyssna, bodde en man vid namn Henrik. Henrik var en man hemsökt av skuggor – skuggor från det förflutna, skuggor av ånger, skuggor som klängde sig fast vid honom som en svepning och hotade att kväva honom i deras mörker.

Henrik var yrkesfiskare, hans väderbitna händer kallusiga från år av att dra nät och kämpa mot de stormiga haven. Men under hans tuffa yta låg en själ torterad av minnen – minnen av en förlorad kärlek och ett krossat liv, minnen som plågade honom mitt i natten och förföljde honom varje vaken stund.

Det hade gått år sedan Henrik senast satt sin fot på kajen på Skeppsholmen, det livliga vattnet där han en gång hade försörjt sig. Men nu, när han stod på kajkanten, med havets salta doft fyllande hans näsborrar och ljudet av måsar som skrek ovanför, kände han en bekant smärta i sitt hjärta – längtans smärta efter något han aldrig kunde få tillbaka.

Det var här, på denna plats, som Henrik först mötte Anna – kvinnan som fångade hans hjärta och förändrade hans liv för alltid. Hon hade varit en syn av skönhet, hennes skratt som musik för hans öron, hennes leende som lyste upp de mörkaste hörnen av hans själ. Och för en stund hade de varit lyckliga – lyckligare än Henrik någonsin vågat föreställa sig.

Men sedan hade tragedin slagit till – en storm på horisonten, en båt förlorad till havs, och Anna ryckt ifrån honom på ett ögonblick. Henrik hade sökt efter henne i dagar, veckor, månader – genomsökande de iskalla vattnen i skärgården i ett desperat försök att hitta henne, men förgäves. Och när han till slut accepterat att hon var borta, förlorad för alltid, hade något inom honom dött också.

Nu, när Henrik stod på kajen och blickade ut över det vidsträckta vattnet som sträckte sig framför honom, kände han tyngden av sin sorg trycka på honom som ett ankare som drog ner honom till botten. Han hade kommit hit för att finna tröst, försoning, för att söka någon form av frid i en värld som blivit galen – men han visste att inget sökande kunde fylla det tomrum som Annas frånvaro hade lämnat efter sig.

Och ändå, när Henrik stod förlorad i sina tankar, bröt en röst igenom tystnaden – en röst mjuk och mild, som viskningen av vinden genom ett skepps segel. Han vände sig, överraskad, och såg en kvinna stå framför sig – en kvinna med ögon så blå som havet och hår så guldigt som solen.

"Är du all rätt?" frågade hon, hennes röst fylld av oro. "Du såg ut att vara förlorad i dina egna tankar."

Henrik blinkade till, tagen av hennes plötsliga uppenbarelse. "Jag är okej," svarade han barskt, hans röst grov av känslor. "Bara... förlorad i minnen, antar jag."

Kvinnan nickade medlidande. "Jag vet hur det känns," sa hon, hennes ögon skimrande av oavlösta tårar. "Jag förlorade också någon – någon som jag älskade mer än livet självt. Men jag har kommit att inse att smärtan aldrig riktigt försvinner. Vi lär oss bara att bära den med oss, som en börda som vi aldrig kan lägga ifrån oss."

Henrik kände en klump bildas i halsen när han lyssnade till kvinnans ord. Det var något med henne – något bekant, något tröstande – som lindrade smärtan i hans hjärta och lugnade stormen som rasade inom honom.

"Vad heter du?" frågade han mjukt, hans röst knappt över en viskning.

Kvinnan log, ett sorgset och önskande leende. "Mitt namn är Elsa," sa hon. "Och du?"

"Henrik," svarade han, hans röst hes av känslor. "Mitt namn är Henrik."

Och i den stunden, när Henrik och Elsa stod på kajen, deras hjärtan tunga av sorg och deras själar tyngda av sorg, fann de tröst i varandras sällskap – två förlorade själar som drev runt i ett hav av sorg, sträckande sig efter varandra i sökandet efter hopp och läkning.

# Shadows on the Waterfront

In the heart of Stockholm, where the cobblestone streets echoed with the footsteps of weary travelers and the salty breeze off the Baltic Sea whispered secrets to those who dared to listen, there lived a man named Henrik. Henrik was a man haunted by shadows – shadows of the past, shadows of regret, shadows that clung to him like a shroud, threatening to suffocate him in their darkness.

Henrik was a fisherman by trade, his weathered hands calloused from years spent hauling nets and battling the tempestuous seas. But beneath his rugged exterior lay a soul tortured by memories – memories of a love lost and a life shattered, memories that taunted him in the dead of night and haunted his every waking moment.

It had been years since Henrik had last set foot on the docks of Skeppsholmen, the bustling waterfront district where he had once made his living. But now, as he stood on the edge of the pier, the salty tang of the sea filling his nostrils and the sound of seagulls crying overhead, he felt a familiar ache in his heart – the ache of longing for something he could never have again.

It was here, on this very spot, that Henrik had first met Anna – the woman who had captured his heart and changed his life forever. She had been a vision of beauty, her laughter like music to his ears, her smile lighting up the darkest corners of his soul. And for a time, they had been happy – happier than Henrik had ever dared to imagine.

But then, tragedy had struck – a storm on the horizon, a boat lost at sea, and Anna torn from his grasp in the blink of an eye. Henrik had searched for her for days, weeks, months – scouring the icy waters of the archipelago in a desperate bid to find her, but to no avail. And when he had finally accepted that she was gone, lost to him forever, something inside him had died too.

Now, as Henrik stood on the pier, gazing out at the vast expanse of water stretching out before him, he felt the weight of his grief bearing down on him like an anchor dragging him to the depths below. He had come here seeking solace, seeking redemption, seeking some semblance of peace in a world gone mad – but he knew that no amount of searching could ever fill the void that Anna's absence had left behind.

And yet, as Henrik stood lost in his thoughts, a voice broke through the silence – a voice soft and gentle, like the whisper of the wind through the sails of a ship. He turned, startled, to see a woman standing before him – a woman with eyes as blue as the sea and hair as golden as the sun.

"Are you all right?" she asked, her voice filled with concern. "You looked lost in your own thoughts."

Henrik blinked, taken aback by her sudden appearance. "I'm fine," he replied gruffly, his voice rough with emotion. "Just... lost in memories, I suppose."

The woman nodded sympathetically. "I know how that feels," she said, her eyes glistening with unshed tears. "I lost someone too – someone I loved more than life itself. But I've come to realize that the pain never truly goes away. We just learn to carry it with us, like a burden we can never put down."

Henrik felt a lump form in his throat as he listened to the woman's words. There was something about her – something familiar, something comforting – that eased the ache in his heart and calmed the storm raging within him.

"What's your name?" he asked softly, his voice barely above a whisper.

The woman smiled, a sad and wistful smile. "My name is Elsa," she said. "And yours?"

"Henrik," he replied, his voice hoarse with emotion. "My name is Henrik."

And in that moment, as Henrik and Elsa stood on the pier, their hearts heavy with sorrow and their souls burdened with grief, they found solace in each other's company – two lost souls adrift in a sea of sadness, reaching out to one another in search of hope and healing.

53

# Marmelad

Staden Stockholm vimlade av liv en krispig höstmorgon. Bland de många livliga gatorna och pittoreska kaféerna, gömde sig i en mysig lägenhet på ett lugnt hörn en märklig katt vid namn Marmelad. Nu var inte Marmelad din vanliga katt; han hade en skarp intelligens och en outsinlig nyfikenhet som ofta ledde honom till de mest extraordinära äventyren.

Marmelads dagar tillbringades vanligtvis i varma solfläckar som dansade över de trägolv som fanns i hans ägares lägenhet. Men idag var annorlunda. Idag hade Marmelad en gåta att lösa. Det hela började när han hörde små bitar av konversation mellan sin ägare, fru Svensson, och hennes väninna, fru Lindgren.

"Har du hört talas om fru Anderssons försvunna armband?" utropade fru Svensson, hennes röst fylld av oro.

Fru Lindgren skakade på huvudet. "Nej, det hade jag inte. Hur hemskt! Hon har letat överallt efter det, men det verkar ha försvunnit spårlöst."

Marmelads öron spetsades vid nämnandet av en försvunnen sak. Han hade alltid föreställt sig sig själv som något av en detektiv, och möjligheten att lösa en riktig gåta fyllde honom med spänning.

Så fort fru Lindgren hade gått till handling, satte Marmelad igång. Med ett slag med sin svans och en bestämd glimt i ögat gav han sig ut för att avslöja sanningen bakom fru Anderssons försvunna armband.

Hans första stopp var fru Anderssons lägenhet, där han fann henne gå fram och tillbaka, vrider sina händer i ångest.

"Åh, Marmelad," utropade hon när hon såg honom. "Jag är helt förtvivlad! Jag har letat högt och lågt efter min mormors armband, men det finns ingenstans att hitta."

Marmelad spinner tröstande och gnider sig mot fru Anderssons ben i sympati. Sedan, med ett gracefullt hopp, hoppade han iväg för att söka ledtrådar.

Hans undersökning ledde honom över hela Stockholm – från de livliga gatorna i Gamla Stan till de fridfulla parkerna längs vattnet. På vägen frågade han alla han mötte, från gatuförsäljare till lös-katter, fast besluten att knäcka fallet.

Men trots hans bästa ansträngningar förblev gåtan olöst. Precis när Marmelad höll på att tappa hoppet, snubblade han över en ledtråd som skulle förändra allt.

Det var en krispig höstkväll, och Marmelad gick omkring i gränderna nära fru Anderssons lägenhet när han såg något som glittrade i månskenet. Med ett nyfiket mjau hoppade han på objektet och tog det i sin mun.

Det var fru Anderssons försvunna armband – gömt i ett hörn av gränden, gömt under en hög med kasserade tidningar.

Med armbandet säkert i sin ägo sprang Marmelad tillbaka till fru Anderssons lägenhet för att leverera de goda nyheterna. Hon var överlycklig över att återförenas med sitt älskade arvegods och överöste Marmelad med tacksamhet och tillgivenhet.

Från och med den dagen hyllades Marmelad som en hjälte på Stockholms gator. Hans berättelse om mod och uppfinningsrikedom spreds vida omkring och gav honom beundran från både katter och människor.

Och när han kröp ihop på sin favorit-solfläck den kvällen, badande i värmen av sin nyfunna berömmelse, kunde Marmelad inte låta bli att känna en känsla av stolthet. För han hade bevisat att även de minsta varelserna kunde göra en stor skillnad i världen – en gåta i taget.

# Marmalade

The city of Stockholm bustled with life on a crisp autumn morning. Amongst the myriad of bustling streets and quaint cafes, nestled in a cozy apartment on a quiet corner, lived a peculiar cat named Marmalade. Now, Marmalade wasn't your ordinary feline; he had a keen intellect and an insatiable curiosity that often led him into the most extraordinary adventures.

Marmalade's days were typically spent lounging in the warm sunspots that danced across the hardwood floors of his owner's apartment. But today was different. Today, Marmalade had a mystery to solve. It all began when he overheard snippets of conversation between his owner, Mrs. Svensson, and her friend, Mrs. Lindgren.

"Did you hear about Mrs. Andersson's missing bracelet?" Mrs. Svensson exclaimed, her voice tinged with concern.

Mrs. Lindgren shook her head. "No, I hadn't. How dreadful! She's looked everywhere for it, but it seems to have vanished into thin air."

Marmalade's ears pricked up at the mention of a missing item. He had always fancied himself as something of a detective, and the prospect of solving a real-life mystery filled him with excitement.

As soon as Mrs. Lindgren left, Marmalade sprang into action. With a flick of his tail and a determined glint in his eye, he set out to uncover the truth behind Mrs. Andersson's missing bracelet.

His first stop was Mrs. Andersson's apartment, where he found her pacing back and forth, wringing her hands in distress.

"Oh, Marmalade," she cried when she saw him. "I'm at my wit's end! I've searched high and low for my grandmother's bracelet, but it's nowhere to be found."

Marmalade purred soothingly and rubbed against Mrs. Andersson's legs in sympathy. Then, with a graceful leap, he bounded off in search of clues.

His investigation led him all over Stockholm – from the bustling streets of Gamla Stan to the tranquil parks along the waterfront. Along the way, he questioned everyone he met, from street vendors to stray cats, determined to crack the case.

But despite his best efforts, the mystery remained unsolved. Just as Marmalade was beginning to lose hope, he stumbled upon a clue that would change everything.

It was a crisp autumn evening, and Marmalade was prowling the alleyways near Mrs. Andersson's apartment when he spotted something glinting in the moonlight. With a curious meow, he pounced on the object and scooped it up in his mouth.

It was Mrs. Andersson's missing bracelet – tucked away in a corner of the alley, hidden beneath a pile of discarded newspapers.

With the bracelet safely in his possession, Marmalade raced back to Mrs. Andersson's apartment to deliver the good news. She was overjoyed to be reunited with her cherished heirloom and showered Marmalade with gratitude and affection.

From that day forward, Marmalade was hailed as a hero in the streets of Stockholm. His tale of bravery and ingenuity spread far and wide, earning him the admiration of cats and humans alike.

And as he curled up in his favorite sunspot that evening, basking in the warmth of his newfound fame, Marmalade couldn't help but feel a sense of pride. For he had proven that even the smallest of creatures could make a big difference in the world – one mystery at a time.

www.ingramcontent.com/pod-product-compliance
Lightning Source LLC
Chambersburg PA
CBHW061639130726
47996CB00003B/1364